DE

LA NAVIGATION A·VAPEUR

Coulommiers. — Typ. de A. Moussin.

CONFÉRENCES

FAITES

A LA GARE SAINT-JEAN, A BORDEAUX

DE

LA NAVIGATION A VAPEUR

PAR

F. RANCÈS

PARIS

LIBRAIRIE DE L. HACHETTE ET Cie

BOULEVARD SAINT-GERMAIN, N° 77

1867

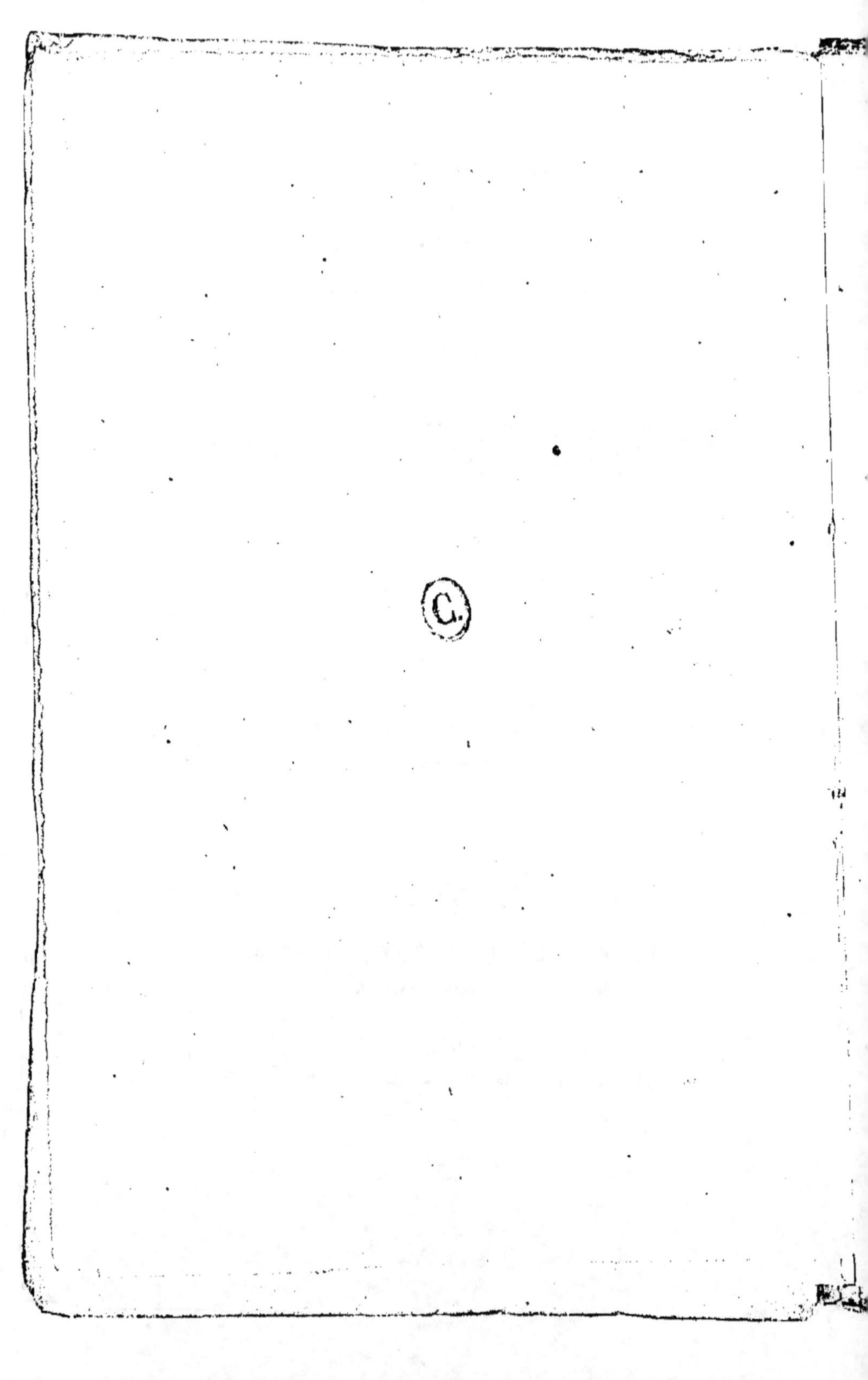
C.

NAVIGATION A VAPEUR

Messieurs,

Il y a peu de temps, lorsque je me suis engagé à parler devant vous, j'avais projeté de retracer l'histoire des chemins de fer et plus particulièrement de leur origine. De courtes réflexions m'ont convaincu qu'en choisissant un pareil sujet j'avais consulté beaucoup plus mes convenances personnelles que les vôtres. Comment, en effet, oser parler de chemins de fer à des hommes dont la tête est imprégnée de questions d'affaires intéressant la Compagnie du Midi, et qui, après le travail du jour, désirent par dessus tout le repos ou la distraction? Mon entreprise eût été par trop téméraire. J'y ai renoncé, et comme je ne pouvais guère vous entretenir que d'industrie, je suis descendu d'un échelon dans la hiérarchie des grandes inventions modernes et je me suis arrêté à la Navigation à Vapeur. — Nous allons donc causer de Navigation. — Mais, je vous en préviens, mon entretien ne sera pas celui d'un marin expérimenté, encore moins d'un ingénieur de constructions navales; il sera celui d'un ingénieur de chemin de fer, peu compétent, peu sûr de lui-même et qui, par suite, a grand besoin de votre indulgence.

La machine à vapeur est d'invention toute moderne, elle date d'un siècle et demi seulement. Il ne faut pas croire que cette invention ait été l'œuvre d'un jour ni d'un seul homme : elle a occupé pendant long-temps nombre de savants, d'ouvriers, jusqu'au jour où James Watt, l'Ecossais, reprenant les travaux de ses devanciers pour les modifier et les compléter, nous a légué la machine à vapeur perfectionnée, cet engin admirable, ce chef-d'œuvre de l'industrie humaine que l'on voit aujourd'hui partout.

Il est peu d'inventions dont l'histoire ait donné lieu à des discussions aussi vives, aussi animées; ces discussions, qui ont eu lieu vers 1830, ont passionné le monde savant en France et en Angleterre. — En Angleterre, les savants et les Ingénieurs qui s'étaient occupés de machine à vapeur

— et ils étaient nombreux — prétendaient qu'elle était d'invention exclusivement anglaise. — Du côté de la France, un seul homme soutenait le débat, mais celui-là n'avait pas besoin d'appui : c'était Arago. — Il a tenu haut et ferme le drapeau de son pays, et, s'appuyant sur des documents indiscutables, il a rétabli les droits de quelques savants français que les auteurs anglais avaient trop facilement oubliés.

Pour avoir droit de figurer dans l'histoire de la machine à vapeur, il ne suffit pas de s'être servi de la vapeur d'eau pour des usages quelconques, ni d'avoir cru à sa puissance mécanique; car alors il faudrait, comme l'a dit Arago, placer en tête des inventeurs les Arabes qui, de temps immémorial, ont fait cuire leur couscoussou en l'exposant à un courant de vapeur ; les Grecs et les Romains, qui expliquaient les effroyables tremblements de terre auxquels ils avaient assisté, par la vaporisation subite, dans les entrailles du globe, de masses considérables d'eau. — Il faudrait citer au sixième siècle Anthémius, architecte de Justinien, qui, voulant faire pièce à Zénon, l'orateur, son voisin et peut-être pour cela son ennemi déclaré, n'avait trouvé rien de mieux que d'essayer de l'échauder en envoyant des jets de vapeur dans son appartement. Il faudrait citer aussi un Français nommé Gerbert, qui, plus tard, porta la tiare sous le nom de Sylvestre II et qui, au 9ᵉ siècle, eut l'idée de faire résonner les tuyaux de l'orgue de la cathédrale de Reims à l'aide de la vapeur d'eau.

Dans tout cela il n'y a rien qui ressemble, même de très-loin, à l'idée d'utiliser la force de la vapeur pour engendrer le mouvement. La première tentative qui ait été faite dans ce sens est due à Héron, physicien et mécanicien célèbre, qui vivait à Alexandrie il y a deux mille ans. — La machine d'Héron est un appareil de laboratoire, un joujou dans lequel la vapeur agissait par réaction et non en vertu de sa force élastique : un gaz ou un liquide quelconque aurait produit le même effet.

Après l'invention d'Héron, la vapeur est tombée complètement dans l'oubli et il faut franchir plus de seize siècles pour trouver trace de nouvelles recherches.

Dans une brillante conférence dont vous avez certainement gardé le souvenir, on vous a dit que les Espagnols ont la prétention d'avoir imaginé la télégraphie électrique; je vous étonnerai, peut-être, en ajoutant qu'ils prétendent aussi avoir inventé du

même coup et la machine et les bateaux à vapeur. Les documents sur lesquels ils s'appuient, existent, paraît-il, dans les archives royales de Simancas dans la Vieille-Castille.
— Ces documents n'ont jamais été communiqués au public; mais en 1825, Manuel Gonzalès, le Directeur des archives, en a publié un résumé duquel il résulte qu'en 1543, Blasco de Garay, capitaine de la marine espagnole, obtint de Charles-Quint l'autorisation de faire marcher un navire par la vapeur dans le port de Barcelone. — L'expérience aurait eu lieu en présence d'une commission nommée par l'Empereur; elle aurait réussi et Blasco avancé en grade, aurait reçu de nombreuses récompenses. — Il se serait ensuite empressé de démonter sa machine que personne absolument n'avait été admis à voir.
— Tout ce que l'on a pu savoir, c'est qu'il y avait un chaudron d'eau bouillante dans les flancs du navire et que, sur les côtés, se trouvaient deux roues tournantes.

Le mystère qui a entouré ce premier essai et qui l'entoure encore empêche d'apprécier l'invention du capitaine espagnol et de lui accorder toute l'importance qu'elle mérite peut-être.

Une expérience montrant toute la puissance de la vapeur d'eau est faite en 1605 par Flurence Rivault, gentilhomme de la chambre d'Henri IV. — Des machines plus ou moins ingénieuses, pour utiliser cette puissance, sont proposées en 1615 par Salomon de Caus et en 1663 par le marquis de Worcester. — Mais Denis Papin, physicien français, est le seul qui partage réellement avec Watt dont je parlerai bientôt, la gloire d'avoir inventé la machine à vapeur. — Papin eut, le premier, vers 1688, l'idée de se servir de la vapeur pour faire mouvoir un piston dans un cylindre. — La machine qu'il a décrite et exécutée sur un très-petit modèle n'est autre chose qu'une machine atmosphérique dans laquelle la force agissante est la pression de l'air, la vapeur étant employée uniquement pour faire le vide sous le piston afin de lui permettre de descendre. Cet emploi de la vapeur, qui constitue la grande idée de Papin, a été le point de départ de toutes les améliorations successivement apportées à la machine à vapeur.

En 1698, un Anglais nommé Savery utilisait à l'élévation de l'eau dans les Parcs et les jardins une machine analogue à celle de Salomon de Caus et, en 1705, deux autres Anglais, Newcomen et Cowley, l'un quincailler, l'autre vitrier, construisaient une machine qui, comme la machine de Papin, se composait d'un piston se mouvant verticalement dans un cylindre ouvert par le haut, mais elle en différait par quelques améliorations capitales.

Ces améliorations firent de la machine de Papin une machine pratique qui fut employée avec empressement; mais elle consommait tellement de charbon qu'il n'était possible de l'utiliser que dans les exploitations houillères où l'on avait le charbon presque pour rien. — Ajoutons que cette machine ne pouvait servir qu'aux épuisements.

Il était réservé à un autre Anglais de la compléter, de l'amener à un tel degré de perfection qu'en peu d'années la machine à vapeur est devenue d'un usage universel. Cet Anglais est James Watt que l'on considère à bon droit, comme le véritable créateur de l'Industrie moderne. — Après avoir reçu une instruction très-élémentaire dans une de ces Écoles gratuites si nombreuses en Ecosse, Watt était à 21 ans, conservateur de la collection de modèles de l'Université de Glascow, — Dans cette collection se trouvait un spécimen très-réduit de la machine de Newcomen qui faisait le désespoir du professeur de physique, parce que toutes les expériences qu'il tentait avec cette machine manquaient invariablement. — Watt fut chargé comme simple ouvrier de réparer la machine et cette circonstance, bien peu importante en apparence, fut le point de départ de ses belles inventions. — C'était en 1764; quatre ans plus tard, il avait construit sa première machine perfectionnée.

Mais autant Watt possédait le génie de la Mécanique, autant il avait peu de goût pour les affaires. Livré à lui-même, il eût peut-être disparu sans avoir vu ses inventions passer dans le domaine de l'application. — Heureusement il s'associa avec le Docteur Rœbuck, fondateur de l'usine de Carron. — Une première machine est essayée, et les résultats dépassaient toutes les prévisions; mais au même moment la fortune de Rœbuck est gravement compromise et la société si récemment formée obligée de se dissoudre. — Watt abandonne alors ses travaux de prédilection, s'occupe de triangulations et de nivellements, de tracés de canaux; d'études d'améliorations de ports, de constructions de routes et de ponts. — Ces études et celles d'autres Ingénieurs, ses contemporains, étaient le prélude des immenses travaux hydrauliques qui devaient être exécutés plus tard dans le nord de l'Écosse.

Après quelques années d'occupations de

ce genre dans lesquelles le génie de Watt devait se trouver bien à l'étroit, des amis bien avisés réussissent à vaincre son indifférence et à le mettre en rapport avec Boulton, propriétaire d'un atelier de constructions mécaniques près de Birmingham. Boulton était un homme actif, entreprenant, de talent, ayant de nombreuses relations dans le monde des affaires, aussi puissant par la fortune que par la considération dont il jouissait. — Le mécanicien et l'industriel s'associent, mais il faut vaincre la résistance des propriétaires de mines qui ne veulent pas abandonner la machine de Newcomen qu'ils connaissent, pour des machines de Watt, qu'on leur vante beaucoup, mais qu'ils ne connaissent pas. — Boulton s'y prend très-habilement, il offre les machines de Watt pour rien et reprend à gros deniers les machines de Newcomen; il demande, toutefois, pour unique rétribution, la valeur du tiers de la quantité de charbon que chaque nouvelle machine économisera, à égalité d'effet bien entendu. Une expérience préliminaire faite sur deux machines de l'un et l'autre systèmes, ayant les mêmes dimensions, permettait d'apprécier l'économie pour 1000 oscillations du piston. — Rien n'était plus facile que d'évaluer l'économie par mois, ou par an, en comptant le nombre d'oscillations pendant cette période. Le comptage était fait par un compteur mis en mouvement par le balancier de la machine. Dans une seule mine du comté de Cornouailles où trois machines étaient en activité, les propriétaires trouvèrent avantage à racheter le droit des inventeurs moyennant une prime fixe de 60,000 fr. par an, c'est-à-dire que l'économie réalisée par les 3 machines de Watt était supérieure à 180,000 fr.

Watt et Boulton eurent à soutenir de nombreux procès contre des contrefacteurs ou des propriétaires de mines qui refusaient de payer leurs redevances; ces procès, qui ne durèrent pas moins de sept années, furent tous gagnés par les deux associés qui purent alors continuer paisiblement leur industrie.

De son vivant, Watt n'a été l'objet, de la part du gouvernement, d'aucune distinction honorifique, non pas que l'importance de ses inventions ait été méconnue, mais uniquement parce que, à cette époque, il n'était pas d'usage de récompenser de la sorte les ingénieurs et les industriels. Aujourd'hui, vous le savez, l'industrie occupe une grande place dans les préoccupations des souverains, puisque, après la pose du câble transatlantique, la reine d'Angleterre a conféré des titres de noblesse aux cinq personnes qui ont le plus contribué au succès de cette merveilleuse entreprise. — Watt est mort respecté et estimé, laissant après lui des travaux qui vivront éternellement et qui, éternellement aussi, seront l'objet de l'admiration du monde civilisé.

L'estime et la reconnaissance de ses compatriotes lui ont survécu. J'en puis citer pour preuve cinq statues qui lui ont été élevées aux frais du public. — Parmi ces statues, il en est une que j'ai vue il y a quelques années dans l'abbaye de Westminster, ce panthéon où se trouvent réunies toutes les illustrations de l'Angleterre. J'y ai vu aussi, non loin de Watt, les grands politiques, les guerriers qui, au commencement de ce siècle ont entraîné leur pays et l'Europe dans une guerre effroyable contre la France. — On peut beaucoup disputer sur l'influence que ces hommes ont eue sur les destinées de leur patrie; mais ce qui est indiscutable, c'est que chaque bataille gagnée ou perdue coûtait des millions et qu'après vingt années de luttes contre son puissant ennemi, l'Angleterre se trouvait en face d'une dette de vingt milliards! Watt, le modeste ouvrier, a fourni à son pays le moyen, non-seulement de guérir une pareille blessure, mais de devenir en peu d'années la nation la plus riche et la plus prospère du monde.

La machine à vapeur est devenue promptement le moteur universel de l'industrie ; il suffit, pour l'installer, d'avoir un peu d'eau et du combustible ; aussi la voit-on partout. Après les chemins de fer qui sont l'application la plus grande et la plus féconde qui en ait été faite, il faut immédiatement placer la navigation par la vapeur.

Trois peuples, la France, l'Angleterre et les États-Unis ont contribué à des degrés divers à la solution du problème de la navigation à Vapeur. — A la France, revient l'honneur des premiers essais, aux Etats-Unis, la gloire d'avoir fait passer la question du domaine des expériences dans le champ de la pratique. L'Angleterre a eu aussi sa belle part en organisant les premiers services transocéaniques et en portant ensuite l'industrie de la navigation à vapeur à un degré de développement dont on se fait difficilement une idée.

En écartant Blasco de Garay, l'espagnol, dont j'ai déjà parlé, le premier qui ait songé à appliquer la vapeur à la navigation est Denis Papin, celui-là même qui, ainsi que nous l'avons vu, a imaginé de se servir de la vapeur pour imprimer à un piston un

mouvement de va-et-vient dans un cylindre.
— En 1707, Papin construisit un petit bateau qu'il voulait faire naviguer sur le Wéser (Le Wéser est, vous le savez, un fleuve d'Allemagne qui se jette dans la mer du Nord) mais ce bateau fut mis en pièces par des bateliers jaloux qui voyaient déjà en lui une concurrence funeste à leurs intérêts. — Alors on croyait généralement et l'on a cru pendant longtemps que les machines étaient nuisibles au travail de l'homme. — Grâce aux progrès de l'instruction et aussi aux bienfaits de l'industrie, ce préjugé a disparu ; et si, aujourd'hui, nous voyons se produire quelques incidents douloureux comme celui qui vient d'agiter la ville de Roubaix, ces incidents sont dus beaucoup plus aux questions de réglementation du travail qu'aux machines elles-mêmes.

En 1753, l'Académie des Sciences de Paris, mit au concours la question « de suppléer à l'action du vent pour la marche des navires. » Plusieurs concurrents célèbres se disputèrent la palme, entre autres Bernouilli le grand mathématicien, et l'abbé Gauthier. Bernouilli avait démontré par des calculs très-savants qu'il n'y avait aucun avantage à appliquer la machine de Newcomen à la navigation ; il remporta le prix.

— L'abbé Gauthier qui avait maintenu les droits de la vapeur n'eut même pas une mention honorable.

Cet abbé était, sans doute, un philanthrope, il avait à cœur de supprimer le travail que l'on imposait alors aux forçats et qui consistait à faire marcher les galères au moyen de rames. — Un mot sur ces galères : « c'étaient des bâtiments plats, étroits, à bords très-bas, qui allaient à voiles et à rames. — Les forçats, enchaînés sur des bancs, étaient condamnés à les faire marcher. Le travail des galériens rendait des services réels : aussi une ordonnance de Charles IX du mois de novembre 1564, enjoint aux parlements de ne pas prononcer la peine des galères pour un temps moindre de dix ans parce que, dit-elle, trois années étant nécessaires pour enseigner aux forçats le métier de la vogue et de la mer, il serait très-fâcheux de les renvoyer chez eux au moment où ils deviennent utiles à l'Etat. — Colbert, ce grand ministre d'un grand roi, recommandait aux parlements de condamner aux galères le plus qu'ils pourraient, même pour les crimes qui méritaient la peine de mort » (1).

(1) Louis Figuier. Découvertes scientifiques modernes.

Cela pouvait être du goût de ceux qui méritaient la mort, mais il est probable qu'en abaissant la peine des uns on élevait la peine de certains autres qui s'en seraient bien passés.

Deux essais de navigation faits à Paris vers 1772 par deux officiers d'artillerie et par Jacques Périer, le célèbre manufacturier qui avait installé la pompe à feu de Chaillot, échouèrent complètement. — Le bateau des premiers fut submergé pendant la nuit; celui de Périer n'eut même pas la force de se maintenir à l'aide de sa machine contre le courant de la Seine.

En 1776, un gentilhomme franc-comtois, le marquis Claude de Jouffroy, construisait dans sa province à Baume-les-Dames, aidé du seul forgeron de la localité, un petit bateau de 13 mètres de longueur, muni d'une machine de Watt et d'un propulseur du système palmipède, c'est-à-dire ayant la forme du pied d'un canard. — Ce bateau navigua sur le Doubs pendant les mois de juin et juillet 1776.

Au mois de juillet 1783, un nouveau bateau de 46 mètres de longueur, muni d'un propulseur à roues, est essayé sur la Saône, près de Lyon, en présence des membres de l'Académie de Lyon et d'une foule considérable de spectateurs.

L'expérience réussit ; mais pour que le brevet sollicité par le marquis de Jouffroy soit déclaré valable, il faut que son procédé soit reconnu par l'Académie des Sciences de Paris comme véritablement utile à la navigation. Un des membres de la commission nommée à cet effet, sollicité par un ami de l'inventeur aurait, paraît-il, répondu « que comme membre de l'Académie des Sciences, il avait eu à examiner bien des projets ridicules, mais qu'il n'en avait pas trouvé d'aussi fou que celui de M. de Jouffroy. » Cette déclaration était de mauvais augure : aussi en janvier 1784, sur l'avis de l'Académie des Sciences, le Ministre subordonna la délivrance du privilége à une nouvelle épreuve qui devait être exécutée à Paris.

La décision du Ministre fut pour l'inventeur un véritable désastre. — La révolution qui survint bientôt acheva de le ruiner. Il ne put jamais reprendre sérieusement ses essais : il est mort après la révolution de juillet aux Invalides, où il avait été admis non comme inventeur malheureux, mais grâce à son ancien titre de lieutenant d'infanterie.

Il était réservé à l'Amérique de résoudre

le problème vainement poursuivi par les Français.

En 1783, une poignée de colons venait d'affranchir l'Amérique du Nord du joug de la métropole après une lutte de plusieurs années. — Mais les Anglo-Américains n'avaient pas voulu seulement être indépendants ; ils voulaient en outre fonder une nation aussi grande par la population que par l'agriculture et l'industrie, en appelant chez eux un large courant d'émigration. Comment coloniser cependant et, surtout, coloniser rapidement sans voies de communication et, d'un autre côté, comment construire des routes et des canaux sans capitaux et sans bras ? — C'était un cercle vicieux qui eût, peut-être, arrêté les vieilles nations de l'Europe ; les Américains en sont sortis grâce à leur propre génie et, surtout, grâce au génie de Fulton.

Qu'était Fulton ? Un ouvrier bijoutier, sachant seulement lire et écrire, ayant du goût pour le dessin, la peinture, et, surtout, pour la mécanique, ayant par-dessus tout du génie, ce quelque chose si difficile à définir et qui permet à certains privilégiés de marquer les grandes étapes dans l'histoire de l'humanité.

A vingt ans, Fulton est en Angleterre,

d'abord dessinant dans un atelier de construction de Birmingham, puis s'occupant d'inventions diverses et, sur le conseil d'un de ses compatriotes, de bateaux à vapeur. Ne trouvant pas autour de lui des encouragements suffisants, il franchit le détroit et vient en France. Il importe à Paris l'industrie des Panoramas qu'un peintre d'Edimbourg venait d'inventer. Il s'occupe ensuite avec l'aide du gouvernement français de la construction de bateaux plongeurs destinés à faire sauter les navires de guerre; il invente les torpilles ou torpedos dont nous avons beaucoup entendu parler lors de la dernière guerre d'Amérique.

Le bateau plongeur de Fulton est essayé à Rouen, au Hâvre, à Brest. A Brest, les expériences ont lieu en présence de l'amiral Villaret et de nombreux spectateurs. Fulton s'enfonce sous l'eau; y demeure vingt minutes et revient à la surface après avoir parcouru une assez grande distance; puis, disparaissant de nouveau, il revient à son point de départ. — Il reste ensuite plusieurs heures sous l'eau et ressort à cinq lieues de son point d'immersion. — Il termine en lançant sa torpille, d'une distance de 200 mètres, contre une chaloupe qui se trouvait à l'ancre dans le port. Au bout d'un quart d'heure la chaloupe saute en l'air, en soulevant une colonne d'eau de plus de 30 mètres.

Il fallait autre chose à Bonaparte que des expériences; il voulait voir sauter, non des chaloupes inoffensives, mais des vaisseaux anglais. — Fulton se met en mesure de faire la chasse aux navires ennemis, mais plusieurs mois s'étant écoulés sans qu'il ait pu en atteindre un seul, les secours nécessaires à ses essais lui sont tout à coup retirés.

Jusque-là Fulton avait lutté contre la mauvaise fortune avec l'énergie particulière à sa race; mais il se trouvait vaincu. A bout de ressources, sans espoir d'en trouver, il se décide à rentrer dans son pays. Il se rend à l'ambassade Américaine pour prendre ses passeports. — L'homme qui représentait alors les Etats-Unis, Robert Livingston, s'était beaucoup occupé en Amérique de navigation à vapeur, et il avait fait de nombreux essais qui lui avaient coûté des sommes considérables. — La rencontre fortuite de Fulton réveille en lui, les idées, la passion d'autrefois. — Il se décide à risquer dans un dernier enjeu les débris de sa fortune et il s'associe avec Fulton pour tenter de nouvelles expériences sur la Seine.

Au commencement de 1803, un bateau

était construit ; mais le matin même du jour où l'épreuve décisive devait avoir lieu, Fulton apprend, par un de ses ouvriers, que le bateau avait coulé pendant la nuit. — La coque, trop faible pour résister au poids de la machine, s'était rompue.

L'Inventeur fut accablé par cette fatale nouvelle, mais son désespoir ne fut pas de longue durée : il était Américain et il recommença. Repêcher la machine au fond de la Seine, l'installer sur un nouveau bateau fut pour lui l'affaire dé six mois.

Un témoin oculaire raconte qu'en 1803 on voyait au pied du quai de Chaillot « un bateau d'une apparence bizarre, car il était armé de deux grandes roues posées sur un essieu comme pour un chariot et que derrière ces roues était une espèce de grand poële, avec un tuyau que l'on disait être une petite pompe à feu destinée à mouvoir les roues et le bateau. »

Ce bateau circula plusieurs fois sur la Seine d'un bout à l'autre de Paris, en présence d'une foule plus curieuse qu'enthousiaste : c'est qu'alors l'esprit public était ailleurs, il suivait notre drapeau qui faisait le tour de l'Europe.

Cependant, Fulton désirant que son invention fût examinée par l'Académie des

Sciences, s'adresse au premier consul, offrant, si elle est favorablement accueillie, d'en faire hommage à la France. — Mais il est repoussé et cette belle invention poursuivie en vain par des Français, offerte à la France par un étranger, nous échappait encore et cette fois pour toujours.

Fulton et Livingston, s'appuyant sur les essais faits à Paris, obtinrent en 1804 un privilége de vingt ans pour la navigation par la vapeur sur toutes les eaux de l'état de New-York.

Trois ans après, en août 1807, un bateau de 50 mètres de longueur appelé *le Clermont* était lancé à New-York sur l'Hudson; à bord était une machine construite en Angleterre, dans les ateliers de Boulton et Watt, sur les plans de Fulton. — Le 11 août avait été fixé pour l'essai public qui devait consister en un voyage de New-York à Albany et retour. Fulton monte à bord, non pas malheureusement au milieu d'un profond silence, car ce silence eût eu sa grandeur, mais au milieu des rires, des huées, des sifflets, des grognements d'une multitude ignorante et incrédule. Cet accueil ne l'émeut pas : il est calme comme l'homme que la foi soutient. — Sur un signal de l'illustre mécanicien, *le Clermont* part et à peine a-t-il donné quelques tours de roues que les marques d'incrédulité et de désapprobation cessent ; le silence se rétablit comme si cette multitude avait besoin de se recueillir pour se pardonner l'injustice qu'elle venait de commettre. — Bientôt quelques murmures d'approbation se hasardent, puis des applaudissements, puis enfin des hourrahs éclatent de toutes parts.

Le voyage d'essai s'effectua à merveille et quelques jours après Livingston et Fulton firent annoncer par les journaux que leur bateau, destiné à faire un service régulier entre New-York et Albany, partirait le lendemain.

Il partit, en effet, mais il n'emportait que Fulton et son équipage ; aucun passager n'ayant osé s'aventurer. Il s'en présente un pour le retour : c'était un Français nommé Andrieux. — Andrieux trouve Fulton occupé à écrire dans sa cabine et lui remet le prix de son passage. — Fulton demeure immobile et silencieux, contemplant, comme absorbé dans ses pensées, l'argent déposé dans sa main. — Le passager craint d'avoir commis quelque méprise. — « Mais n'est-ce pas là le prix de ma place » demande-t-il à Fulton. — A ces mots, celui-ci sortant de sa rêverie, porte ses regards sur l'étranger.

— Une grosse larme roule dans ses yeux. « Excusez-moi, lui dit-il d'une voix altérée, je songeais que ces six dollars sont le premier salaire qu'aient encore obtenu mes longs travaux. » Puis prenant les mains du passager. « Je voudrais bien, ajouta-t-il, consacrer le souvenir de ce moment en vous priant de partager avec moi une bouteille de vin, mais je suis trop pauvre pour vous l'offrir. — J'espère que je pourrai faire mieux la prochaine fois que nous nous rencontrerons. »

Ils se rencontrèrent en effet, quatre ans après et Fulton ne manqua pas à l'engagement qu'il avait pris.

L'invention de Fulton avait pour les Etats-Unis une portée incalculable. — Les Américains avec leur sens pratique, le comprirent si bien, que la mort de Fulton, survenue le 24 février 1815, fut le signal d'un véritable deuil public. — Jamais la mort d'un simple citoyen n'avait donné lieu à des témoignages aussi universels, de sympathiques regrets.

Bientôt l'Europe suit l'exemple donné par l'Amérique. — En Angleterre, Henry Bell construit un bateau pour le transport des voyageurs sur la Clyde entre Glascow et Greenock ; quelque temps après un service régulier s'organise entre l'Angleterre et l'Irlande, franchissant ainsi l'étroit, mais capricieux canal de Saint-Georges. — Le succès de cette entreprise encourage les capitalistes, et, en peu d'années, un grand nombre de bateaux sillonnent les rivières et les mers qui séparent l'Angleterre du continent voisin. Le premier service de bateaux à vapeur organisé en France l'a été, paraît-il, en 1818, sur la Garonne, entre Bordeaux et Langon ; mais c'est de 1825 à 1830 que ce nouveau mode de transport s'est réellement développé sur nos rivières.

Voilà donc la navigation par la vapeur organisée sur les fleuves, sur les rivières, sur les lacs, sur les côtes, mais il lui reste à faire un grand pas en franchissant les Océans. — En 1829 un ingénieur français, Marc-Séguin, imagine la chaudière tubulaire, Georges Stephenson active le tirage des locomotives au moyen d'un jet de vapeur. — La locomotive à grande vitesse est ainsi trouvée et elle fait sa première apparition sur le chemin de Liverpool à Manchester. Ses avantages sont promptement appréciés et les Anglais se mettent résolument à l'œuvre pour la construction de leur vaste réseau de chemins de fer ; la Belgique les suit, puis l'Allemagne puis la France. — Quelques années à peine se sont écoulées que les hommes ont pris l'habitude d'aller vite, de gagner du temps. — Cette habitude s'impose comme un besoin impérieux; ce besoin est satisfait sur les continents par la multiplicité des voies ferrées, mais il n'en est pas de même sur mer. Le voyageur qui veut aller en Amérique, par exemple, est transporté à une vitesse de 50 kilomètres à l'heure jusqu'à Liverpool; mais là vient s'éteindre cette vitesse prodigieuse. — En quittant la voie ferrée il ne trouve que des navires à voiles mettant des semaines, des mois à franchir l'Atlantique. S'il connaît à peu près le jour de son départ, il ignore quand il pourra toucher le rivage lointain vers lequel il se dirige.

Il y a là une lacune, mais elle va être bientôt comblée à l'aide de la vapeur.

Dans le public, on discutait beaucoup sur le nouveau mode de transport et on était généralement d'accord pour le condamner.

Mais les capitalistes et les ingénieurs ne discutaient pas. — Ils avaient mis en construction sur les chantiers de Bristol un bateau à roues, gigantesque pour l'époque, mesurant 70 mètres et jaugeant 1300 tonneaux.

2.

En mars 1838, le navire était terminé. On l'appela le *Great-Western* et sur les murs mêmes d'une salle ou peu de temps auparavant un professeur de Londres avait démontré par a $+$ b, devant un nombreux public, que la navigation transatlantique à vapeur ne serait jamais qu'un beau rêve, on lisait une affiche imprimée ainsi conçue : « Le *Great-Western*, lieutenant Hosken, partira de Bristol pour New-York le 4 avril. » On ne dit pas si le savant professeur eut le courage de répondre à cette affiche par une nouvelle conférence.

Sur cette annonce, une autre compagnie se décide à tenter la même entreprise. Le *Sirius*, navire de 700 tonneaux et de 300 chevaux qui faisait un service régulier entre Londres et Cork, annonce son départ pour New-York. — Il part le 5 avril 1838 de Cork, le port des Iles Britanniques le moins éloigné des Etats-Unis et huit jours après le *Great-Western* appareille de Bristol, emportant sept passagers, les seuls qui ont osé s'aventurer sur ce véhicule d'un nouveau genre.

L'arrivée des deux navires qui eut lieu à quelques heures seulement d'intervalle fut accueillie à New-York par des salves d'artillerie, par le carillon des cloches et par

des acclamations enthousiastes qui se pro-
longèrent tout un jour.

Le *Sirius* reconnu trop faible pour la navigation transatlantique, fut rendu à sa des-
tination première dès son retour en Angleterre. — Quant au *Great-Western*, il
continua régulièrement son service et en
1844 il avait déjà effectué 35 voyages. —
La vieille Angleterre n'était plus qu'à 15
jours de distance de son ancienne colonie :
20 jours étaient économisés sur la durée
du trajet.

Si le problème de la navigation transatlantique est dès ce moment résolu, l'industrie reste à créer. Le Gouvernement anglais
comprend qu'il s'agit d'un intérêt public de
premier ordre. — Il veut, pour le transport
des dépêches, utiliser les moyens rapides de
communication par mer, comme il les utilise déjà sur les chemins de fer. A cet effet,
il favorise la formation de grandes compagnies de navigation en les subventionnant
largement.

Dès 1840, il traite avec la compagnie
Cunard de Liverpool pour l'établissement
d'un service postal entre l'Angleterre et
l'Amérique du nord; un peu après, avec la
compagnie péninsulaire et orientale pour
un pareil service dans la Méditerranée, l'O-

céan Indien et dans les mers de la Chine et de l'Océanie. — Enfin, en 1846, il subventionne la compagnie du Royal Mail pour un service desservant les Antilles, le golfe du Mexique et l'Amérique du sud.

La France est entrée bien tard dans la voie de progrès où l'Angleterre s'était lancée si résolument dès 1840. — Le premier service postal maritime n'a été concédé qu'en 1852. — Il a été confié, pour la Méditerranée, à la compagnie des Messageries Impériales, moyennant une subvention de 26 francs par lieue marine. — Antérieurement à la concession, l'Etat exécutait lui-même le service avec son personnel et son matériel; les documents officiels ont constaté qu'il perdait 50 francs par lieue marine. — Le Gouvernement a donc fait une excellente affaire, en en payant 26 pour se débarrasser de ce service.

Les services concédés à la compagnie des Messageries Impériales ont été sans cesse en augmentant. — Ils desservent aujourd'hui la Méditerranée, l'Océan Indien, les mers de la Chine et l'Océan Atlantique. — En 1865, cette compagnie possédait 63 navires à flot d'une valeur totale de 115 millions.

Mais cette compagnie n'est pas la seule

qui existe aujourd'hui en France ; il y en a une autre plus récente, possédant la flotte la plus belle, la plus puissante, la plus rapide qui sillonne les mers. — C'est la compagnie transatlantique, fondée en 1861 par MM. Péreire et qui est chargée du service postal entre la France, l'Amérique du nord, les Antilles, le Mexique et l'isthme de Panama. Elle possède un matériel de 21 navires jaugeant 50,000 tonneaux et ayant coûté près de 75 millions.

Les Etats-Unis n'avaient pas voulu adopter le système des subventions. — Pour ne pas se laisser distancer, ils ont été obligés, dans ces dernières années, d'imiter la France et l'Angleterre. Ils ont traité avec trois compagnies pour le transport de leurs dépêches.

Le matériel naval employé actuellement par les 3 grandes puissances maritimes, pour le service postal, comprend :

190 bateaux jaugeant 300 mille tonneaux et représentant une valeur de 416 millions, — La part de la France dans ces chiffres est de 84 navires jaugeant 100,000 tonneaux d'une valeur de 190 millions.

La subvention accordée annuellement par les trois gouvernements est de 46 millions dont 24 millions, soit environ moitié, pour la France.

La subvention est basée sur l'importance du trafic en passagers et en marchandises; elle est d'autant plus élevée que l'Etat impose une plus grande vitesse et que le trafic est moindre.

La vitesse passe en première ligne dans la dépense. — La résistance que les navires rencontrent dans l'eau et que, par conséquent, leurs machines doivent vaincre, est sensiblement proportionnelle au cube de la vitesse; ce qui revient à dire que pour passer d'une vitesse 2, par exemple, à une vitesse 3, soit pour augmenter de moitié la vitesse, il faut presque tripler la force de la machine. — Or, ce développement de force ne peut être obtenu qu'en augmentant les dimensions de la machine et, par suite, son poids et le poids du combustible à consommer. — Il faut donc augmenter le volume du navire.

D'où suit que la conséquence de l'augmentation de vitesse est, par-dessus tout, un accroissement des dimensions du navire. — Pour en citer un exemple, en 1840, la Compagnie Cunard commence son service sur Halifax avec trois navires de 400 chevaux et de 1200 tonneaux à une vitesse moyenne de 16 kilomètres. A mesure que le trafic se développe, que les relations avec les États-

Unis sont plus fréquentes, elle augmente la
vitesse de son matériel en même temps que
ses dimensions, si bien qu'en 1862, le dernier
navire construit *le Scotia*, a 1000 chevaux de
force et 4000 tonneaux de jauge ; sa vitesse
moyenne est de 23 kilomètres.

Ainsi, dans une période de vingt ans, la
force des machines a plus que doublé et le
tonnage plus que triplé. — En même temps,
la consommation du combustible par voyage
a été portée de 400 à 1600 tonnes, elle a qua-
druplé. — Cependant, le poids disponible
pour la marchandise ne s'est élevé que de
400 à 600 tonnes et la vitesse n'a augmenté
que de moitié.

Indépendamment des navires postaux qui
peuvent être considérés comme les trains
express maritimes, il existe un grand nombre
de navires moins rapides et de plus faible
puissance. — Sur la ligne des Etats-Unis, ces
navires sont alimentés par le transport des
émigrants.

Les navires à émigrants composent deux
catégories de services : les services réguliers et les services irréguliers. — Les services réguliers sont faits par des navires de
moyenne dimension de 1800 tonneaux et de
500 chevaux, ils opèrent le service postal
américain. — Les services irréguliers sont

faits par des navires de plus faibles dimensions et de moindre puissance que les précédents. — Ils transportent de rares passagers de cabine et presque exclusivement des émigrants Anglais, Écossais et Irlandais.

Le nombre des navires transocéaniques à vapeur, chargés d'émigrants, qui en 1864, ont quitté les ports anglais, a été de 540 portant 188,000 individus, soit, en moyenne 350 par navire. — Les accidents ont été rares : 49 personnes seulement ont péri dans deux échouages. — Un seul navire a été perdu.

Le petit nombre de naufrages tient à la diminution de l'émigration canadienne qui suivait la route brumeuse du nord. — Cette émigration qui n'était en 1815 que de 1000 individus, s'est élevée en 1847 à 110,000 individus, puis elle a décru rapidement et d'une manière continue jusqu'au chiffre de 13,000 en 1864.

L'émigration aux Etats-Unis s'est élevée de 1200 en 1815, à 267,000 en 1851, puis elle a décru jusqu'à 65,000 en 1862. — Elle s'est relevée ensuite rapidement et en 1864 elle a été de 150,000.

En somme, pendant les cinquante dernières années, le Canada, les Etats-Unis, l'Australie et la Nouvelle-Zélande ont reçu près de 6 millions d'émigrants. — C'est le sixième de la population de la France.

Les bateaux à vapeur font également, pour le transport des marchandises, une concurrence redoutable aux navires à voile, dans la navigation de long cours, mais surtout dans le cabotage. — Le marché de Londres consomme annuellement des quantités immenses de houille qui sont apportées surtout par des bateaux à vapeur. — Il y a là tout un service qui fonctionne presque aussi régulièrement que les trains de chemins de fer et que les Anglais ont organisé d'une manière merveilleuse. — Les bateaux charbonniers jaugent, en général, de 1000 à 1200 tonneaux; ils ont trois larges écoutilles et peuvent être chargés ou déchargés par trois points à la fois. Dans tous les ports on a construit des bassins dans lesquels les navires peuvent charger par tous les temps. Au moyen d'appareils mécaniques spéciaux et très-ingénieux un bateau est chargé en cinq ou six heures. Les wagons déversent directement dans les bateaux et quelques hommes suffisent pour manœuvrer chaque jour des milliers de wagons. — A Londres, chaque bateau est déchargé en douze heures environ par des hommes et trois grues qui transbordent le charbon dans des gabarres ou sur des wagons.

Dans la seule année 1866, le port de Newcastle qui est, il est vrai, un des premiers de l'Angleterre, a exporté c'est-à-dire expédié à l'étranger (les approvisionnements de Londres ne sont donc pas compris) l'énorme quantité de 4,500,000 tonnes de houille. C'est presque trois fois la quantité totale de marchandises que la Compagnie du Midi transporte dans une année.

Les avantages des navires à vapeur sur les navires à voile, pour le transport des voyageurs, sont évidents. Il en est un, cependant, le plus important de tous et peut-être le moins connu, que je rappellerai en quelques mots. — Indépendamment des risques de mer qui sont moindres pour les bateaux à vapeur que pour les navires à voile, il est certain que les maladies épidémiques ont d'autant moins de chance de se développer à bord que les trajets sont plus courts. — En 1865, la mortalité a été à bord des steamers anglais transportant des émigrants, de 7, 12 pour 10,000 passagers, tandis qu'à bord des navires à voile, elle a été de 44 pour 10,000, c'est-à-dire six fois aussi forte. La vie de l'homme est donc mieux garantie sur les bateaux à vapeur.

Ces résultats qui ont été constatés il y a peu d'années, ont amené le gouvernement anglais à modifier le système qu'il suivait pour le renouvellement de son armée de l'Inde. — Jusqu'ici ce renouvellement a été fait par des navires à voile mal installés doublant le Cap de Bonne-Espérance ; il mourait, soit dans l'Inde, soit en route, un homme sur deux. — Il sera opéré dorénavant par la voie de Suez et à l'aide de cinq grands transports à vapeur pouvant contenir chacun 1500 militaires. On espère que la mortalité ne sera plus que d'un homme sur dix.

Quels sont les prix de transport par bateaux à vapeur ? Entre la France, l'Angleterre, l'Allemagne de New-York, ces prix varient dans les limites suivantes :

En première classe de 9ᶜ à 12ᶜ par kilomètre.

En deuxième classe de 7 à 8 — id. —
En troisième classe de 5 à 6 — id. —
Pour les émigrants, le prix est d'environ 3ᶜ,5.

Tous ces prix comprennent la nourriture ; ils sont donc sensiblement plus bas que les prix de nos chemins de fer. — Mais il n'en est pas de même sur toutes les lignes maritimes ; ainsi entre Bordeaux et le Brésil les six varient entre 5ᶜ pour la quatrième et plesa cr 17ᶜ pour la première ; entre Marseille et l'Inde de 11ᶜ pour la 4ᵉ classe à 38ᶜ pour la première.

Les bateaux à vapeur sillonnent aujourd'hui toutes les mers, de même que les chemins de fer couvrent les continents ; aussi rien n'est-il plus facile que de faire le tour du monde sur les ailes de la vapeur. Si quelques-uns d'entre vous sont disposés à entreprendre un pareil voyage, je leur conseillerai l'itinéraire suivant. — Vous partez du trottoir qui est à côté de nous et vous vous transportez à Marseille; là, vous trouvez un bateau de la compagnie des Messageries Impériales qui, en quelques jours, vous conduit à Alexandrie. — Après avoir traversé l'Egypte en chemin de fer, vous retrouvez à Suez un autre bateau de la même compagnie et vous arrivez sur les côtes de la Chine, à Shang-Haï. — Ici il faut abandonner le pavillon français, la marine à vapeur française ne traversant pas encore l'Océan Pacifique ; un bateau américain vous transportera à l'Isthme de Panama après avoir touché au Japon et aux îles Vancouver. — Franchir l'Isthme sur le chemin de fer très-pittoresque construit depuis peu d'années est l'affaire de quelques heures ; de l'autre côté, vous retrouvez nos couleurs nationales arborées à bord des magnifiques paquebots de la compagnie Transatlantique française qui vous ramèneront pomptement à Nantes. — Je n'ai pas besoin de vous indiquer la route à suivre pour venir de Nantes au trottoir opposé à celui que vous avez pris en partant. — Le voyage est très-simple, comme vous le voyez ; il suffit, pour l'effectuer, d'avoir quelques mois de loisir et... beaucoup d'argent en poche.

Je vous ai entretenu jusqu'ici de l'histoire de la navigation à vapeur, de ses développements et de son état actuel. — Je dois dire quelques mots du navire lui-même, c'est-à-dire de la coque, des machines et du propulseur ou mécanisme destiné à utiliser la force de la machine en prenant un point d'appui sur l'eau.

La coque a été, jusqu'en 1840, à peu près uniquement construite en bois. — Mais à mesure que celui-ci devenait plus rare et augmentait de prix, le fer, au contraire, était fabriqué en plus grandes quantités et sous des formes de plus en plus variées ; sa valeur diminuait. — Les Anglais ont bientôt reconnu tous les avantages qu'il y aurait à substituer le fer au bois. — Ces avantages que l'expérience a confirmés sont :

Une durée plus que double, peut-être triple et au delà. — A dimensions extérieures égales, plus de capacité et de légèreté ; une séparation plus facile du navire en compartiments, dès lors plus de sécurité. Plus de facilité pour nettoyer les eaux de cale et pour maintenir la propreté intérieure, par suite plus de salubrité et de bien-être.

Les machines marines sont à basse pression ; cette pression ne dépasse pas une atmosphère 3/4 dans les cylindres. Elles sont très-lourdes, non-seulement parce qu'il faut qu'elles soient puissantes, mais aussi parce que la pression est peu élevée, et que leurs mouvements, surtout à bord des bateaux à roues sont fort lents.

Les types des machines varient suivant qu'elles doivent mettre en mouvement des roues ou des hélices.

J'arrive maintenant au propulseur.

Tous les systèmes de propulsion successivement essayés ont été abandonnés, à l'exception des roues à aubes ou à palettes et de l'hélice qui, seuls aujourd'hui, sont universellement employés.

Les roues à aubes ou rames tournantes sont d'invention très-ancienne. — Vitruve qui vivait au premier siècle avant J.-C. déclare qu'il n'en connaissait pas l'inventeur. Les Romains en ont fait usage pour faire mouvoir les radeaux qui transportèrent leurs armées en Sicile lors de la première guerre Punique. En 1707, Papin a appliqué les rames tournantes au petit bateau qu'il avait construit sur le Wéser. — Les ingénieurs modernes n'ont fait que perfectionner ces rames et ils ont, de plus, trouvé un moyen simple et pratique de faire agir une machine à vapeur sur l'arbre aux deux extrémités duquel sont montées les roues.

L'hélice a été appliquée pour la première fois en 1839 par un constructeur anglais, M. Smith. — Ce mode de propulsion, qui a été fort contesté à l'origine, présente sur la roue des avantages réels.

A puissance égale, le poids du moteur est moindre de près de moitié. — Il est moins encombrant dans le corps du navire et s'attache plus facilement à la coque.

L'usage de la voile est plus facile avec le navire à hélice qu'avec le navire à roues. — Aidée du vent, l'hélice réclame un moteur de force moindre. — En cas d'avarie à la machine, les voiles peuvent suffire à ramener assez promptement le navire dans un port voisin.

La coque du navire à hélice est plus légère que celle du navire à roues.

La marche d'un paquebot à roues est entravée au départ par la trop grande immersion des roues, à l'arrivée par la trop grande émersion de ces mêmes roues. — La marche de l'hélice est, au contraire, à peu près régulière et ne peut être qu'améliorée par l'immersion — Si on tient le navire droit au départ, l'immersion de l'hélice peut être conservée en marche, en laissant l'arrière plongé par le règlement du chargement.

L'hélice utilise mieux la force de la machine, elle est plus économique.

Ces avantages sont aujourd'hui si bien établis aussi bien pour les grandes que pour les faibles vitesses que, depuis 1863, le construction des navires à roues destinés à traverser l'Océan est nulle en Angleterre, tandis que celle des navires à hélice va sans cesse se développant.

Il ne faut pas croire, cependant, que les navires à roues soient condamnés à disparaître, car ils satisfont un ordre de besoins auxquels les navires à hélice ne se prêtent pas. — Ainsi, le remorquage, la navigation des rivières, les courtes distances à franchir, toutes les communications qui exigent un faible tirant d'eau et qui consistent dans un va-et-vient dont la régularité est indispensable, quel que soit le vent, emploient, en général, des navires à roues.

Je ne puis, Messieurs, terminer ma conférence sur la navigation à vapeur, sans vous dire un mot d'un navire dont il a été déjà question ici, le plus grand de tous et qui, pendant longtemps encore, restera le plus beau spécimen de l'art des constructions navales : c'est le *Great-Eastern ou Léviathan*.

Ce navire a été conçu et exécuté par Isambard Brunel, mort il y a peu d'années, précisément au moment où le *Great-Eastern* allait être lancé. Il y a eu deux Brunel, le père et le fils. — Brunel père était français ; c'est lui qui a construit le Tunnel sous la Tamise, œuvre immense par les difficultés matérielles qu'il a fallu vaincre, mais aussi inutile que grandiose. — Grâce au progrès qui laisse rarement improductives les grandes œuvres de l'homme, ce Tunnel va prochainement recevoir une affectation utile en livrant passage à un chemin de fer.

Brunel fils, ou Isambard Brunel, a exécuté pendant sa courte carrière d'importants travaux de toute sorte. En 1835, à 27 ans, il construit le *Great-Western*, le premier navire à vapeur qui ait ouvert une communication régulière avec l'Amérique. — Quelques années après, il construit le *Great-Britain*, immense navire en fer et à hélice. — Il fut un des plus ardents promoteurs de l'hélice que l'Amirauté repoussait.

Le *Great Eastern* est le dernier navire auquel Brunel ait consacré son talent. — Il a été conçu pour desservir l'émigration et le trafic des marchandises entre l'Angleterre et l'Australie, au moment où la découverte de gîtes aurifères dans ce dernier pays, y attirait un immense flot d'émigrants. — Ce gigantesque navire est, vous le savez, à roues et à hélice.

La longueur sur le pont supérieur est de.................................... 210^m

La largeur de la coque de......... 25

Le creux du pont supérieur à la quille de............................... 18

Le nombre des ponts est de....... 4

La longueur totale des principaux salons de.......................... 120

Le nombre de cloisons transversales de.................................... 13

Le nombre de cloisons longitudinales de................................ 2

Le poids total du fer entrant dans la construction de............... 10,000^t

Le diamètre des roues de......... 18^m
Le poids de l'hélice de........... 60^t

Le navire a cinq mâts : trois en fer, deux en bois. — Le gréement fixe est en câbles de fil de fer.

La coque est à double enveloppe. L'expérience a démontré les avantages de cette disposition : dans un voyage à New-York, le *Great-Eastern* a, en effet, par un temps brumeux, touché sur une roche; il a éprouvé une violente secousse, mais il a, néanmoins, continué sa route. — A son retour à Liverpool on a reconnu que l'enveloppe extérieure avait été déchirée sur une longueur de plus de dix mètres; mais l'enveloppe intérieure était intacte et, par suite, il n'y avait pas eu de voie d'eau.

Le *Great-Eastern* a coûté 25 millions de francs, sept fois autant que notre pont sur la Garonne, à peu près autant que 60 kilomètres de chemin de fer, compris le matériel roulant. Les constructeurs avaient pensé qu'il pourrait faire chaque année deux voyages complets entre l'Angleterre et l'Australie emportant dans chaque trajet 6,000 passagers et 6,000 tonnes de marchandises. Le total des recettes annuelles avait été évalué à 17 millions et les dépenses à 15 millions. — Si ces prévisions avaient pu se réaliser, le *Great-Eastern* aurait donné par an, en sus de l'intérêt du capital, un dividende de 6 p. 0/0.

Mais sa construction n'était pas terminée que déjà l'enthousiasme pour l'Australie était éteint, les illusions sur les grandes et rapides fortunes à attendre des gîtes aurifères étaient évanouies. — Aussi, le courant d'émigration s'était-il considérablement ralenti et quand le *Great-Eastern* s'est trouvé prêt à prendre la mer, les passagers lui ont fait défaut.

Quant aux marchandises on a bien vite reconnu qu'il faudrait un séjour de plusieurs mois dans les ports pour réunir un chargement de 6,000 tonnes, c'est-à-dire que le temps passé dans les ports eût excédé la durée des voyages. La spéculation était impossible dans ces conditions.

Ce navire est donc un échec complet au point de vue industriel, mais le *Great-Western* et le *Great-Britain*, conceptions précédentes de Brunel, ont été aussi des échecs industriels, et se sont relevés par un succès complet; il faut espérer qu'il en sera de même du dernier navire de Brunel.

Ne pouvant utiliser le *Great-Eastern*, sur la ligne de l'Australie, on l'a rejeté sur celle de New-York. — Il a effectué 18 trajets réguliers entre Liverpool et l'Amérique. — Les onze premiers se sont accomplis à une vitesse moyenne de 25 kilomètres par heure, dépassant de 2 kilomètres la vitesse du *Scotia*, le plus rapide des transatlantiques réguliers.

Dans les sept dernières traversées, il a éprouvé des avaries très-graves qui l'ont jeté dans un discrédit complet. Ne trouvant plus de voyageurs à transporter, il a dû rester pendant quelques temps dans une inaction complète. — Il est, vous le savez, sorti de sa retraite pour effectuer glorieusement la pose du câble électrique qui relie les deux mondes et eût-il dû être démoli et vendu comme de la ferraille après la réussite de cette merveilleuse entreprise, qu'il faudrait, néanmoins, remercier Brunel de l'avoir construit et les capitalistes anglais d'avoir prêté leur concours à ce célèbre ingénieur.

Nous assistons, Messieurs, aux merveilles enfantées par la machine à vapeur. — Le développement prodigieux des exploitations minérales, des filatures, des ateliers de tissage, des établissements métallurgiques de toutes sortes, des ateliers de constructions mécaniques; les chemins de fer, la navigation à vapeur, les échanges entre les peuples dépassant les prévisions des es-

prits les plus hardis, la multiplication des
richesses; tout cela est l'œuvre de la vapeur
et de l'homme de génie qui a su dompter
cette puissance nouvelle pour la mettre à
la portée de tous.

Dans cette révolution immense et dont le
couronnement sera, il faut l'espérer, la paix
et la concorde entre les peuples, la navigation à vapeur occupe un des plans d'honneur.

Autrefois, la Méditerranée était le grand
chemin de la civilisation, et c'est sur ses
rivages qu'habitaient les peuples qui ont
brillé d'un si vif éclat dans l'histoire de
l'antiquité. — Ces peuples communiquaient
entre eux très-difficilement par terre, un
peu moins difficilement par la mer dont ils
suivaient timidement les contours. — L'O-
céan que l'on voyait, mais dont on ne me-
surait pas l'étendue, a été le domaine des
mystères et de la tempête jusqu'au jour où
Christophe Colomb, poussé par une idée
sublime, a abordé aux Antilles tout en
croyant toucher en Asie. — Cette Amérique, si longtemps appelée les Indes et ha-
bitée par quelques sauvages au moment de
sa découverte, s'est promptement peuplée
d'Européens. Les colonies sont devenues
des nations indépendantes, et l'une d'elles,

celle qui habitait le nord de ce nouveau
continent, a formé il y a moins d'un siècle
la République américaine dont le développement rapide confond notre imagination.
— Grâce à la navigation à vapeur, cette nation jeune et vivace ne se trouve plus qu'à
dix jours de nos rivages et chaque jour elle
pèse davantage sur les destinées de l'Europe. — Sa puissance, son génie particulier
ont contribué, avec la vapeur, à faire de l'O-
céan la grande arène où toutes les nations
luttent aujourd'hui pour la victoire com-
merciale. — Puisse notre patrie, conserver
dans ce grand tournoi de la civilisation le
rang qu'elle mérite par son histoire, sa po-
sition géographique et le dévouement de
ses enfants!

FIN

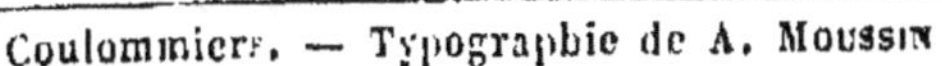

Coulommiers. — Typographie de A. Moussin

CONFÉRENCES

FAITES A LA GARE SAINT-JEAN, A BORDEAUX

Édition à 25 c. le vol., format petit in-18.

Chaque vol. soumis au timbre se paie 10 c. en sus de ce prix.

EN VENTE

Cézanne (E.). *Du câble transatlantique.* 1 vol.   25 c.
Kératry (comte E. de). *Ruines de Pompéi.* 1 vol. 25 c.

SOUS PRESSE :

Abria (J.-J.-B.), doyen de la Faculté des sciences de Bordeaux. *La matière.* 1 vol.   25 c.
—— *Voyage de la lumière au travers des cristaux.* 1 vol.   25 c.
Amé (George). *Du libre-échange en France et en Angleterre.* 1 vol.   35 c.
Bellier (A.). *La prévoyance et la charité.* 1 vol.   35 c.
Bert (Paul). *La machine humaine; le combustible.* 1 vol.   35 c.
—— *La machine humaine, la force.* 1 vol.
Clavaud (A.). *De la fécondation dans les végétaux supérieurs.* 1 vol.   25 c.
Dujardin (J.-B.). *La chaleur et l'humidité à la surface de la terre.* 1 vol.   25 c.
Jeannel (Dr J.) *Des propriétés physiques de l'air.* 1 vol.   25 c.
—— *Des propriétés chimiques de l'air.* 1 vol.   25 c.
Lespiault (G.). *Du système solaire.* 1 vol.   25 c.
Lacolonge (O. de). *De l'eau considérée au point de vue physique, mécanique et alimentaire.* 1 vol.   25 c.
Raulin (V.). *Le règne minéral.* 1 vol.   25 c.
Royer. *Des gaz pernicieux du foyer.* 1 vol.   25 c.

Coulommiers. — Typ. de A. Moussin.